PLANS

DU PALAIS DE LA BOURSE

DE PARIS,

ET DU CIMETIÈRE MONT-LOUIS,

EN SIX PLANCHES,

PAR ALEXANDRE-THÉODORE BRONGNIART,

ARCHITECTE;

Précédés d'une NOTICE sur ces Plans et sur quelques autres travaux du même Artiste.

A PARIS,

DE L'IMPRIMERIE DE CRAPELET.

1814.

NOTICE
SUR QUELQUES TRAVAUX
DE
MR A. T. BRONGNIART, ARCHITECTE.

PARMI les motifs qui excitent les hommes au travail, il en est un qui a sur eux une grande puissance, quand une fois ils en ont senti les charmes; c'est la gloire, but principal de la plupart de ceux qui cultivent les lettres, les arts et les sciences.

Les hommes qui y aspirent cherchent à se l'assurer, en soumettant leurs travaux au jugement du public par tous les moyens qui sont en leur pouvoir, et à l'étendre aux limites les plus reculées des lieux et des temps, en multipliant les diverses manières de les publier.

Ces moyens sont, pour les gens de lettres, pour les savants et pour la plupart des artistes, l'impression, la gravure, l'exécution en peinture, en terre, etc. Les architectes seuls sont souvent privés des moyens d'exécuter ce que leur génie a conçu, et de faire ainsi apprécier complétement leurs travaux.

Quelquefois un monument qui produit beaucoup d'effet dans un dessin, en manque totalement lorsque se présentant dans toute sa masse, il est vu en plein air, à une certaine distance, entouré d'autres constructions, éclairé de diverses manières; la gravure, qui ne donne déjà qu'une foible idée des productions du peintre et du sculpteur, ne peut donc, dans la plupart des cas, donner qu'une idée absolument insuffisante de celles de l'architecte, même en ne les considérant que par rapport à leur ordonnance générale.

Mais on conviendra que les moyens de publication à la disposition de l'architecte, sont encore bien plus restreints, si l'on remarque que son art et son mérite se composent de plusieurs parties tout-à-fait différentes, dont quelques-unes ne peuvent, en aucune manière, être présentées par un dessin, et qui exigent dans l'artiste une réunion de qualités qui semblent presque incompatibles.

Pour qu'un monument fasse sur les sens l'impression qu'il est destiné à produire, il faut que l'artiste soit doué d'une imagination vive et de la faculté d'agir sur l'âme du spectateur par une heureuse accumulation de masses monotones et muettes, comme le poète, le peintre et le musicien le font avec des expressions, des couleurs et des sons heureusement choisis et combinés.

Le calcul de la solidité d'un bâtiment et des moyens d'arriver au but proposé, sans augmenter inutilement des dépenses déjà considérables, exige un esprit méditatif, un jugement sain et froid, et des connoissances techniques, qu'une étude réfléchie de choses très-abstraites peut seule donner.

Enfin, les convenances de distribution intérieure, qui s'étendent depuis le palais jusqu'à la plus simple habitation, convenances qui ne sont point à dédaigner, puisque de leur considération résulte l'utilité complète ou incomplète du bâtiment que l'on élève, et la jouissance de tous les moments pour celui qui l'habite, demandent une aptitude particulière aux détails les plus minutieux.

Pour qu'un édifice quelconque soit parfait, il faut que son auteur y ait réuni les qualités qui supposent dans le même homme un esprit d'ordre et de détails, joint à l'imagination la plus variée et au jugement le plus sain : or, les dessins les plus détaillés ne peuvent faire apprécier aucun édifice sous ces trois points de vue; l'ouvrage lui-même peut seul être soumis au jugement du public.

Mais l'architecte n'est pas, comme tout autre artiste, le maître d'exécuter, quand il le veut, le plan qu'il a conçu; on sent combien il rencontre d'entraves dans les considérations du terrein, des convenances particulières de celui pour qui est le bâtiment, de la dépense, etc.; et quand il est parvenu, malgré ces entraves, à exécuter son plan, au moins dans ce qu'il a d'important, le temps considérable qu'exige la construction des grands monuments, les seuls dans lesquels un architecte puisse développer tous ses moyens, ne lui permet pas toujours de les terminer, et d'exposer sa pensée entière et sans aucune altération : l'architecture est donc dans une condition tout-à-fait différente de celle des autres arts, par rapport aux moyens de publication.

Cependant, lorsqu'il s'agit d'assurer à un artiste la part de gloire qui peut lui être due, et qu'il regardoit comme la récompense la plus précieuse de ses travaux; quand cet artiste est une personne qui nous est chère, et dont les seuls désirs sont pour nous des ordres, l'insuffisance des moyens ne doit pas nous arrêter, et nous ne devons rien négliger pour faire connoître dans toute leur pureté ceux de ses travaux qui peuvent ajouter à sa réputation.

Le Palais de la Bourse et l'arrangement du cimetière Mont-Louis, dont M. Brongniart avoit été chargé vers la fin de sa carrière, étoient, par leur importance, plus propres qu'aucun des autres travaux de cet architecte, à faire apprécier l'étendue de son talent dans les trois genres qui constituent l'architecture. Mais le temps, toujours très-long, qui est nécessaire pour l'exécution de pareils travaux, quelque activité qu'on leur donne, est une des chances les plus hasardeuses qu'un architecte ait à courir. Il y a si peu de grands monuments qui aient été commencés et finis par le même architecte (1)! M. Brongniart étoit déjà avancé en âge: ce que sa famille, ce que ses amis redoutoient le plus, ce que les amis des arts voyent toujours avec peine, est malheureusement arrivé; il nous a été enlevé avant d'avoir pu terminer ce monument.

Il est vrai que la disposition générale en étoit arrêtée depuis long-temps, que presque tous les détails de décoration et de construction avoient été établis sur des dessins nombreux; qu'enfin M. Brongniart y avoit fait tout ce qui dépendoit de sa seule volonté; le monument avoit même été amené au point de pouvoir déjà donner au public une assez juste idée de son ordonnance générale. Cependant il reste encore beaucoup à faire sous le rapport de l'exécution. Nous n'avons pas la crainte que des changements considérables viennent dénaturer le travail de M. Brongniart: l'opinion honorable que la plupart des artistes ont émise lorsque les plans et le modèle du Palais de la Bourse ont été soumis à l'examen du public, l'approbation constante que le Ministère et les personnes chargées de la direction des travaux publics, ont donnée, non-seulement à l'ensemble, mais encore à la plupart des détails; enfin la sagesse et les lumières de l'Architecte chargé de continuer ce monument, nous donnent la certitude que les plans et les dessins de M. Brongniart seront suivis dans tout ce qu'ils ont d'important et de caractéristique.

Si des motifs de convenance ou d'autres circonstances qu'on n'a pu prévoir, forçoient d'y apporter quelques modifications, nous ne doutons

(1) Saint-Pierre de Rome a été cent quarante-cinq ans à bâtir, et douze architectes en ont successivement dirigé les travaux. Wren, architecte de Saint-Paul de Londres, est cité comme ayant joui d'un rare bonheur, pour avoir construit cette basilique à lui seul et sous un seul évêque, par conséquent, avec toute l'unité de volonté qu'on puisse désirer. Il en a constamment dirigé les travaux pendant trente-cinq ans.

pas que le bon esprit des personnes qui les feroient exécuter ne leur prouvât qu'elles doivent toujours être faites dans le style et dans le système général de l'auteur de l'édifice. Le vrai mérite des travaux d'un artiste qui veut bien se charger de continuer ceux d'un autre, c'est de confondre tellement les nouvelles parties avec les anciennes, de suivre tellement la pensée et le style de son prédécesseur, que les gens les plus habiles dans le même art ne puissent s'apercevoir du changement de main; et quoique *la touche* d'un architecte, s'il est permis de s'exprimer ainsi, soit moins caractérisée, et par conséquent plus aisée à suivre que celle d'un écrivain ou d'un peintre, cependant il faut encore, pour la reconnoître et la saisir, un tact et des études qu'un habile architecte peut seul posséder. C'est ainsi que les artistes croyent pouvoir distinguer, dans le Palais des Tuileries, les parties qui sont dues à Philibert de Lorme, de celles qui appartiennent à Bullant, malgré le silence de l'Histoire sur la part que chacun de ces architectes a eue dans la composition de cet édifice.

Toutes les continuations d'édifices qui n'ont pas été faites dans cet esprit, ont été justement critiquées, lors même que les nouveaux travaux sont meilleurs que les anciens. Les plus grands architectes, quand ils n'ont été influencés par aucune passion, et quand un sens droit s'est trouvé réuni chez eux au génie, ont été convaincus de cette maxime; ils n'ont admis que des changements évidemment indispensables, et que l'auteur même eût faits s'il eût pu continuer son édifice. Aussi n'y a-t-il, dans ce cas, que l'histoire des Arts qui puisse nous apprendre qu'un édifice a été dirigé successivement par plusieurs architectes, tandis que, dans l'autre cas, la diversité du goût et du style n'est que trop sensible. Qui ne s'aperçoit, par exemple, que le Palais des Tuileries, le Louvre et sa galerie, ont été successivement entre les mains de plusieurs architectes (1)? et cependant, en continuant ce dernier édifice, des architectes, qui ont acquis par leurs travaux et leur réputation le droit de faire autorité, croyent devoir se conformer entièrement au système dominant. Ils donnent ainsi un exemple frappant de l'application des principes que nous venons d'énoncer.

Quoique ces nombreuses et puissantes considérations, qui n'ont certainement pas échappé aux gens de l'art, nous persuadent que les ouvrages

---

(1) On sait que Philibert de Lorme, Bullant, du Cerceau et Leveau ont été successivement architectes des Tuileries; que la galerie du Louvre a été construite par du Cerceau, du Perron et Clément Métezeau; que Pierre Lescot, le Mercier, le Veau, Claude Perrault et Gabriel se sont succédés comme architectes chargés de la continuation du Louvre.

de M. Brongniart seront continués tels que cet artiste les avoit conçus, nous avons cru néanmoins devoir publier les dessins, tant en élévations qu'en plans du Cimetière de Mont-Louis et du Palais de la Bourse. De quelque manière que ces monuments soient terminés, nous avons voulu établir avec précision la part que M. Brongniart doit avoir dans les éloges ou les critiques dont ils pourront être l'objet; nous avons désiré conserver dans toute leur pureté ses derniers travaux, et en donner une idée aussi exacte que la gravure puisse le faire; or, dans ce cas, la différence, si toutefois il y en a, entre la composition de M. Brongniart et l'exécution, ne pouvant, au point où en est le monument de la Bourse, consister que dans des détails de distribution et d'ornements, la gravure suffira pour la faire apprécier.

Quant à ce qui concerne la solidité des constructions, les détails les plus nombreux ne donneroient encore que des notions incertaines sur cette partie importante. C'est ici le cas de charger les temps à venir de faire connoître les talents de M. Brongniart dans l'art des constructions, et de consacrer cette partie de son mérite; le temps prouvera bien mieux que tout ce que nous pourrions dire, les soins que cet architecte a apportés, et l'efficacité des moyens qu'il a employés pour donner, au Palais de la Bourse, la solidité et la durée qui conviennent à un monument.

Les plan, coupe et élévation du Palais de la Bourse que présentent les *Pl.* I, II, III et IV, sont tels que M. Brongniart les avoit arrêtés en dernier lieu, ayant égard aux changements que des convenances de distribution l'avoient forcé de faire à sa première composition.

Il avoit d'abord adopté l'ordre ionique comme plus convenable, peut-être, par son caractère, à la destination de ce Palais; mais lorsque les fondations étoient terminées, que la distance des entrecolonnements étoit fixée par des constructions déjà commencées, des augmentations ayant eu lieu dans l'organisation du Tribunal de commerce, il fut forcé d'étendre les distributions du premier étage, et de transformer en bureaux, en salles d'assemblées, etc. des pièces destinées d'abord à être de simples magasins. Il ne put atteindre ce but sans remplacer l'ordre qu'il avoit choisi, par un autre, qui, en prenant plus d'élévation, ne changeoit pas de diamètre. Il adopta l'ordre corinthien.

Si, comme nous l'avons dit au commencement de cette Notice, il y a dans l'architecture une partie qui doive porter le nom d'*art*, c'est celle qui a pour objet d'imprimer aux monuments un caractère propre, susceptible d'indiquer autant que la chose est possible (et elle l'est presque toujours pour un homme habile) l'objet de ce monument. Oter aux édifices leur caractère, c'est réduire l'architecture à un métier dans lequel il ne s'agira plus que de suivre des proportions établies. M. Brongniart sentoit que l'architecture n'en étoit pas réduite à cette nullité d'expression, à cette monotonie de style; qu'il ne suffisoit pas de faire un monument régulier, mais qu'il falloit encore qu'il indiquât son objet. Parmi les moyens qu'il avoit adoptés pour caractériser le palais de la Bourse, les uns s'appliquent à l'ensemble, et les autres aux détails. L'ordre ionique étoit assez ordinairement employé par les Grecs dans les monuments qui, sans être consacrés aux plus grands dieux ou aux plus grandes choses, étoient cependant destinés à des dieux, des hommes ou des choses d'un rang élevé; cet ordre convenoit donc à un palais où se traitent les affaires les plus importantes du commerce d'un grand empire, cette source de prospérité et de richesses; il contribuoit à donner au monument le caractère général qui lui étoit propre. Des raisons puissantes, que nous avons exposées plus haut, l'ont forcé de changer cette première ordonnance: c'est à regret qu'il a fait ce changement, et que nous le lui avons vu faire.

Les caractères de détails consistent dans les ornements particuliers du chapiteau, dans les monnoies placées en ornements, et enfin dans un bas-relief régnant sous le péristyle de la facade.

La pureté des principes qu'on doit suivre dans un bâtiment de ce genre, édifice public et sérieux, ne permet guère d'altérer la composition admise pour le chapiteau corinthien; M. Brongniart le sentoit, et ce n'étoit qu'avec une sorte d'hésitation qu'il avoit proposé d'y faire entrer des cornes d'abondance. Il attendoit à ce sujet les observations des gens de l'art, et étoit disposé à admettre ou rejeter ces ornements suivant l'opinion qu'ils auroient manifestés.

Il ne restoit donc plus que les médailles de la frise, au-dessus des arcades du rez-de-chaussée, sous le pérystile, et le bas-relief.

Il regardoit ces idées comme heureuses, et y tenoit beaucoup.

Ces médailles doivent présenter la collection des principales monnoies de tous les peuples commerçants. Rien ne peut mieux caractériser l'édifice de la Bourse et le siége du Tribunal du commerce : ces ornements, assez volumineux pour être très-distincts, ont en même temps l'avantage d'être réellement instructifs. Le grand bas-relief, placé sous le péristyle de la facade au-dessus des portes en arcades, doit représenter les principales opérations du commerce; l'esquisse en avoit été composée, et même exécutée en petit par Chaudet, un des plus célèbres statuaires de ce siècle; un de ceux qui, par ses compositions spirituelles et simples, par l'expression noble de ses figures, par la correction et la pureté de son dessin et de son style, a le plus approché du rare talent des sculpteurs grecs. Ce bas-relief est composé de cinq sujets ou bas-reliefs particuliers, séparés chacun par des arbres propres à chacune des quatre parties de la terre.

Le premier représente les Echanges dans les diverses contrées de la terre, ou la première opération du commerce.

Le second, les Payements tant en espèces que par traites et par billets.

Le troisième, la Bourse, ou les opérations de commerce faites sur parole, et fondées sur la bonne foi et la confiance.

Le quatrième, le Tribunal de commerce.

Le cinquième, la Punition de la fraude, et les Coupables employés dans les ports aux travaux de force utiles au commerce.

Telles ont été les premières idées de MM. Brongniart et Chaudet pour le choix des sujets. Il est possible qu'ils les eussent modifiés lors de l'exécution; mais l'idée principale, celle de placer sur la facade l'inscription figurative du monument, de la placer de manière à ce qu'elle en fasse partie intégrante, étoit trop heureuse, trop appropriée au style du bâtiment, auquel elle donnoit le caractère de noblesse et de richesse convenable, pour que M. Brongniart pensât jamais à l'abandonner; il évitoit d'ailleurs ainsi le double écueil, ou de laisser une grande surface nue et pauvre, ou d'y percer des fenêtres, qui auroient ôté à cette facade sa noble simplicité, son style pur et antique, et qui n'étant plus en rapport avec la composition du reste de l'édifice, en changeoit toute l'ordonnance, et transformoit un grand monument en une vaste maison d'habitation, trop riche dans certaines parties, et trop sévère dans d'autres.

Cependant il ne faut pas croire que M. Brongniart, abandonnant une des qualités qui l'ont distingué, ait sacrifié à la décoration extérieure les convenances de la distribution intérieure. Il y avoit pourvu; les pièces qui sont placées derrière ce bas-relief sont suffisamment éclairées ou par des fenêtres latérales, ou par des jours tirés de la grande salle du milieu. Enfin la distance qui se trouve sous ce péristyle entre les colonnes et le mur de face de la Bourse, laisse assez de reculée pour qu'on puisse voir facilement et convenablement le bas-relief.

Les *Pl.* V et VI représentent le plan du cimetière Mont-Louis et la vue des monuments funèbres que M. Brongniart avoit fait élever ou qu'il avoit projetés. La porte d'entrée étoit commencée, les fondations et la base même de la pyramide étoient déjà en partie construites, le monument de la famille Grefulhe est terminé; les autres monuments ne sont que des projets.

Les mouvements naturels du terrein prêtoient aux dispositions les plus heureuses; aussi M. Brongniart a-t-il cherché, comme l'indiquent les projets que nous venons de faire connoître, à tirer de ces mouvements de terrein le parti le plus convenable à l'objet auquel il est destiné. D'anciens alignements, d'anciennes plantations qu'il a fallu respecter, ont pu le gêner quelquefois, et donnent au plan un aspect singulier par le contraste qu'il semble présenter entre les nouvelles et les anciennes distributions. Mais nous trouvons ici même un des exemples les plus frappants de la différence considérable qu'il y a entre l'effet produit par un dessin, et celui que produit l'exécution. En allant sur le terrein, toutes ces allées droites, ces bosquets réguliers, qui, sur le plan, contrastent si désagréablement avec des allées sinueuses, disparoissent pour ainsi dire dans l'étendue de ce vaste terrein; mais comme ces parties portent plus qu'aucune autre l'empreinte de la main de l'homme, les tombeaux s'y sont accumulés, et offrent l'image des hameaux et des jardins réguliers, qui, au milieu d'un pays sauvage, indiquent la présence de l'homme et de ses arts. Cette disposition étoit nouvelle dans nos mœurs, et M. Brongniart avoit senti tous les genres d'intérêt dont pouvoit être susceptible un lieu de sépulture si heureusement choisi; il sentoit que ce lieu devant convenir à tous les états, à toutes les opinions humaines, il ne falloit lui donner d'autre caractère dominant que celui de la noblesse sans magnificence, et de la simplicité sans négligence; qu'il devoit inspirer à certaines âmes des sentiments religieux sans terreur, et à toutes le respect, le recueillement sans tristesse, et enfin une sorte de charme mélancolique, résultat de la nature et de la disposition de ses monuments. M. Brongniart avoit donc mis tous ses soins pour atteindre ce but; il avoit trouvé dans le Magistrat qui l'en avoit chargé, une manière de penser tellement d'accord avec la sienne, que cet établissement remarquable devoit s'élever rapidement.

M. Brongniart a fait beaucoup d'autres travaux. Un grand nombre de maisons particulières, quelques édifices publics, ont été construits sur ses plans et sous sa direction. Il en a réparé, restauré, embelli ou décoré beaucoup d'autres. Ces derniers travaux comptent généralement pour très-peu de chose; ils sont peu apparents; leurs détails sont comme effacés par la masse des anciennes parties du bâtiment, et cependant ils exigent souvent de l'architecte autant de soin, autant de recherches, autant de talent, et présentent quelquefois plus de difficultés et de dégoûts que des travaux neufs et complets.

Nous ne publions aucune gravure de ces travaux de M. Brongniart:

la plupart d'entre eux existent dans Paris. Ceux qui ont de l'importance et qui ont eu plus de célébrité que les autres, ont été gravés dans divers recueils d'architecture.

Mais nous croyons devoir présenter ici la Notice des principaux bâtiments publics ou particuliers qui ont été élevés sur les dessins de M. Brongniart; nous ne ferons aucune mention des projets de monuments qu'il a faits : quelque talent qu'ils indiquent, on n'en tient aucun compte. Il n'y a jamais que les monuments élevés qui puissent donner une gloire réelle à un architecte, parce qu'il n'y a que sur eux qu'on puisse juger si toutes les conditions qui concourent à la perfection dans cet art ont été remplies. C'est en vain qu'un architecte auroit fait les projets les plus nombreux et les plus beaux en apparence : s'il n'en a pu exécuter aucun, le nom de leur auteur sera bientôt oublié. En effet, parmi les architectes dont les noms ont été conservés par l'Histoire, il n'en est peut-être pas un qui n'ait pour titre que des projets. Ce résultat ne prouve-t-il pas, d'une manière évidente, que les dessins et les gravures sont un moyen tout-à-fait insuffisant pour faire apprécier les travaux et les talents en architecture, ainsi que nous l'avons avancé au commencement de cette Notice.

Ce fut vers 1773 que M. Brongniart, élève de Boullée, commença à construire quelques bâtiments remarquables; les premiers furent :

L'Hôtel ou petit Palais du duc d'Orléans, chaussée d'Antin (rue du Mont-Blanc);

L'Hôtel de madame de Montesson, immédiatement à côté du premier;

L'Hôtel de M. de Bondi, au coin de la rue de Richelieu et du boulevard (aujourd'hui Frascati);

L'Hôtel de madame la princesse de Monaco, rue Saint-Dominique, faubourg Saint-Germain.

De 1778 à 1785, on éleva sur ses plans et sous sa direction :

L'Hôtel de madame la comtesse de la Massais, sur le boulevard de la chaussée d'Antin;

L'Hôtel de M. de Saintfoix, rue Basse-du-Rempart;

Les Bains souterrains de l'Hôtel de Besenval, rue Saint-Dominique;

L'Eglise des RR. PP. Capucins de la rue Tiroux, aujourd'hui le Lycée Bonaparte.

Les nouveaux boulevards, du côté des Invalides, étoient à peine bordés de quelques maisons particulières, lorsque M. Brongniart les meubla de divers bâtiments, tels que

L'Hôtel de mademoiselle de Condé;

Les Archives de l'Ordre de Saint-Lazare, dont le pavillon isolé, d'une forme particulière, ne renfermoit dans sa construction aucune pièce de bois : il a été détruit;

L'Hôtel des Écuries de MONSIEUR;

Celui de M. le prince Masseran;

Et plusieurs maisons particulières.

A peu près vers le même temps, il fut chargé de la construction de la Salle de spectacle, rue de Louvois. Le peu d'étendue du terrein, la nature du spectacle, l'économie qu'on étoit forcé de mettre dans cette entreprise, s'opposoient à ce qu'il fît rien de remarquable : cependant la coupe heureuse de cette Salle, et le succès qu'elle eut malgré son peu d'importance, firent choisir M. Brongniart pour aller construire, à Bordeaux, une seconde Salle de spectacle, que les circonstances ne permirent pas de terminer.

A trente-huit ans, M. Brongniart fut élu membre de l'Académie royale d'Architecture; sa réputation, agrandie par ses travaux et ses aimables qualités, le fit accueillir d'un grand nombre de personnes distinguées alors par leur rang dans la société; il fut leur architecte, et arrangea pour elles différents hôtels et maisons de campagne.

Parmi les jardins dont il a donné les dessins et qu'il a fait planter, nous ne pouvons passer sous silence le parc de Maupertuis, appartenant à M. de Montesquiou. Ce jardin a été un des premiers qu'on ait disposé de cette manière pittoresque et naturelle, si différente de celle des anciens jardins françois. Il a paru digne du souvenir de M. de Lille (1).

M. Brongniart a été, sous l'ancien Gouvernement, architecte des bâtiments dépendants de la Police, Architecte des affaires étrangères, de l'Hôtel des Invalides et de l'École Militaire. Pendant les dix ans qu'il a rempli ces deux dernières places, il a fait les grandes avenues qui établissent au midi des communications nombreuses, entre l'Ecole Militaires, les Invalides, les Nouveaux-Boulevards et la rue de Vaugirard, qui ouvrent des points de vues étendues de ce côté, et qui l'embellissent de plantations et de promenades.

Il est parvenu à détruire l'infection qui étoit répandue dans presque toutes les parties de l'Hôtel des Invalides.

---

(1) *Maupertuis*, le Désert, Rincy, Limours, Auteuil,
Que dans vos frais sentiers doucement on s'égare !
(DE LILLE, *Les Jardins*, Chant I.)

M. De Lille ajoute :

« Le jardin de *Maupertuis*, connu sous le nom de l'*Élysée*, appartient à M. le marquis de Montes-
» quiou. Si de belles eaux, de superbes plantations, un mélange heureux de collines et de vallons
» font un beau lieu, l'Élysée est digne de son aimable nom. »

Il a construit, dans l'Ecole Militaire, le corps-de-logis où est le manége, et celui qui lui correspond à l'ouest.

Outre ces nombreux travaux de pure architecture, M. Brongniart en a fait beaucoup d'autres, qui sont relatifs à l'art de donner aux meubles des formes agréables et commodes, et de composer les ornements qui doivent décorer les meubles et les monuments. Cet art, qui n'a encore ni nom particulier, ni artiste qui s'en occupe exclusivement, est, par les qualités et les études qu'il exige, par les occasions fréquentes de l'appliquer, une dépendance immédiate de l'architecture. Tous ceux qui s'y sont distingués étoient des architectes. Non-seulement cet art ne trouve pas, comme la peinture et la sculpture, tous ses modèles dans la nature, mais il n'a pas même, comme l'architecture, de règles et de préceptes clairement établis; le goût, cette qualité si vague dans ses définitions, et cependant si généralement reconnue dans ses applications, est presque son seul guide.

M. Brongniart a donné beaucoup de dessins de meubles, tant à des fabricants particuliers qu'au Garde-Meuble de la Couronne, auquel il étoit attaché en qualité d'inspecteur.

Il a composé, surtout pour la Manufacture impériale de porcelaine de Sèvres, un grand nombre de formes et de décorations. Quoiqu'il n'ait pas été le seul qui ait fait des dessins pour cet établissement, il a puissamment contribué à épurer les formes et le style des décorations, ainsi qu'on a pu le remarquer depuis environ douze ans.

Ces espèces de travaux paroissent très-peu importants en comparaison des sujets imposants sur lesquels s'exerce le talent de l'architecte; cependant l'art qui les produit a, plus que tous les autres, un très-grand obstacle à surmonter, c'est la mode, cette cause destructive du goût et de tout ce qui est bon dans les arts, parce que la mode est le désir de changer, et de changer perpétuellement. Les belles choses, au contraire, sont nécessairement limitées, et quand la courte série des bonnes formes est épuisée, on ne peut plus changer qu'en prenant les mauvaises; il faut, pour résister à cette funeste et trop puissante influence, une sorte de fermeté de principe et d'indépendance du public, que M. Brongniart trouvoit dans son caractère et dans celui de l'administration de la Manufacture de Sèvres.

Telle est la liste des principaux travaux de M. Brongniart. Ce n'est pas à nous à déterminer la part de gloire qu'il doit en recueillir, ni à décider si ces travaux paroîtront assez importants ou assez remarquables pour faire naître le désir d'avoir quelques renseignements sur le caractère et sur la vie de l'artiste auquel ils sont dus. Les détails de la vie privée d'un homme ne doivent être présentés au public, qu'autant que cet homme, par sa vaste renommée, appartient à l'Histoire, ou lorsque ses actions et ses paroles sont assez remarquables pour intéresser et pour servir d'exemple. Il seroit donc hors de toute convenance de donner sur M. Brongniart d'autres détails que ceux qui peuvent se lier avec le caractère d'architecte en général, avec les dispositions naturelles qu'il suppose, et avec les jouissances et les priviléges qui semblent lui appartenir.

M. Brongniart (1), fils d'un pharmacien de Paris, avoit été destiné par son père à devenir médecin; il avoit fait les études littéraires et commencé les études scientifiques propres à donner les connoissances nombreuses, et presque universelles, qui constituent l'art du médecin. Il avoit la grande mémoire, la justesse d'esprit et la finesse de tact qu'exige cette noble et difficile profession. Mais il falloit bien, ou qu'il eût quelques dispositions contraires à l'exercice de cet art, ou qu'il manquât de quelques-unes de celles qui lui sont nécessaires, puisque, malgré la direction de son éducation, malgré les facilités dont il jouissoit et les sociétés dont il étoit entouré, il se livra aux arts dès qu'il le put.

Si nous recherchons dans ses qualités et dans son caractère quelles peuvent avoir été les causes de cet éloignement, et celles de son goût et de son aptitude pour les arts, nous remarquerons, par exemple, que sa grande mémoire le servoit beaucoup mieux pour toutes les choses qui tiennent aux lettres et à l'imagination, c'est-à-dire, à l'harmonie des mots et à l'expression des sentiments et des passions, que pour celles qui se composent d'un grand nombre de noms et d'une longue série de faits. Il avoit donc la mémoire propre aux arts, et bien moins celle qui est nécessaire pour les sciences.

Une grande justesse d'esprit, cette qualité indispensable à tout, l'auroit mis dans le cas d'obtenir des succès dans les sciences, s'il eût voulu en suivre la carrière; mais souvent les qualités qui font un artiste, sont incompatibles avec celles qui sont nécessaires à un savant. Il faut, par exemple, pour les sciences, une rare persévérance dans l'observation des moindres phénomènes. Or, ce calme de l'esprit, cette patience de caractère est presqu'en opposition avec cette espèce d'exagération dans les jugements, ces aperçus prompts, ces passages rapides d'une idée à une autre qu'exigent les arts d'imagination. M. Brongniart avoit donc dans l'esprit les premières qualités nécessaires à la culture des sciences; mais

(1) Alexandre-Théodore Brongniart, né à Paris le 15 février 1739.

le pouvoir de les appliquer manquoit à son caractère, plutôt fait pour créer de nouvelles images, de nouvelles expressions, que pour rassembler patiemment des faits, afin de les comparer entre eux, dans le but d'y découvrir de nouveaux rapports.

Le tact est, comme le goût, la faculté de deviner, sans préceptes, et par conséquent sans d'abord s'en rendre compte, ce qui convient; de savoir mettre chaque chose à sa vraie place, de réunir celles qui sont faites pour aller ensemble, de reconnoître enfin et d'éviter toute association destructive de l'harmonie qui doit régner dans un assemblage quelconque de sons, de couleurs, de formes, de pensées ou d'actions. Ce tact, qui l'eût averti du plus léger dérangement dans l'économie animale s'il eût été médecin, qui l'eût mis, autant que la chose est possible, sur la voie d'en découvrir la cause, ou au moins le siége; ce tact qui lui donnoit dans le monde le ton et les manières qui convenoient à sa position, s'est transformé en goût dans la culture des arts, et lui a fait généralement éviter ces alliances de formes qui choquent, sans qu'on puisse en rendre raison, tous ceux qui jouissent de cette même faculté, de même qu'un son faux est reconnu sur-le-champ par un homme qui, sans être musicien, est doué d'une oreille juste.

M. Brongniart ayant donc, pour ainsi dire, un caractère qui tenoit en même temps de celui de l'artiste et de celui du savant, embrassa l'art qui a le plus de liaison avec les sciences. Nous ne prétendons pas qu'en choisissant l'architecture, il se rendit compte de ses dispositions, et fut dirigé par des motifs tels que ceux que nous venons d'exposer. S'il est rare qu'on embrasse une profession par raison, ce mode de détermination est encore plus rare dans les arts; il paroît même incompatible avec l'inspiration et les dispositions innées indispensables pour y réussir.

Cette réunion du génie et du jugement, celle des premières études littéraires et scientifiques avec la culture des arts du dessin, donnèrent à M. Brongniart quelques avantages qu'il est peut-être bon de faire observer, parce qu'une éducation convenablement dirigée peut, dans quelques cas, les faire acquérir.

S'il est vrai que les meilleurs écrits sur la peinture, la sculpture, etc. ne formèrent jamais ni un grand peintre, ni un grand sculpteur, et que de tels ouvrages ne peuvent guère servir à ces artistes que pour leur donner quelques moyens de perfectionner leur talent, et bien plus encore pour leur faire acquérir l'érudition de leur art, il n'en est pas de même de l'architecture. Cet art n'est pas, comme les premiers, une imitation savante d'une nature choisie; il a des règles, des préceptes, non-seulement pour ce qui regarde sa partie matérielle, mais encore pour ce qui concerne l'invention proprement dite. Un architecte, plus qu'aucun autre artiste, a besoin de s'instruire par la lecture, et par conséquent doit pouvoir, s'il en trouve l'occasion, contribuer aux progrès de son art par de nouveaux écrits. La culture des lettres est donc pour lui d'un très-grand avantage.

Deux observations historiques confirment ce que nous avançons ici. On remarquera d'abord que la plupart des personnes qui ont écrit sur la peinture ou sur la sculpture, sont plutôt des amateurs que des artistes de profession, et que, dans ce dernier cas, ce ne sont point en général les plus habiles. On observera, au contraire, que non-seulement presque tous les ouvrages sur l'architecture sont dus aux plus célèbres architectes, tels que Vignole, Palladio, Philibert de Lormes, Claude Perrault, François Blondel, etc. etc. mais encore que beaucoup d'architectes se sont distingués dans les lettres. On sait que Alberti de Florence, que Bramante, que François Blondel, que Germain Boffrand, que Michel Ange, etc. ont écrit, soit en prose, soit même en vers, différents ouvrages sur des sujets de pure littérature.

La culture des lettres et la connoissance des langues anciennes, en étendant le champ qui alimente la mémoire, multiplient par cela même les sources où doit puiser l'imagination. Non-seulement l'instruction enrichit cette brillante faculté, mais elle la dirige en même temps dans l'emploi de ses richesses; elle la modère sans la refroidir, et s'oppose à ses écarts sans l'arrêter. L'imagination d'un homme ignorant n'a aucune limite; on ne peut pas plus la suivre qu'il ne peut la diriger : c'est un désordre réel, et, comme tout désordre, elle déplaît et fatigue.

La réunion du goût et de l'instruction fait éviter toutes ces compositions gigantesques, qui sont le fruit d'une imagination pour ainsi dire sauvage, et non encore policée par la fréquentation des œuvres des autres hommes. C'est parce que cette fréquentation n'a pu encore avoir été assez habituelle et assez intime, que beaucoup de jeunes gens destinés à produire dans la suite de beaux et de sages ouvrages, commencent par des compositions exaltées, fruits d'une imagination non encore réglée par une instruction profonde. C'est peut-être à cette même cause que sont dues ces images bizarres ou gigantesques, ces conceptions quelquefois monstrueuses que présentent les ouvrages de la plupart des hommes de génie qui se sont fait remarquer les premiers dans chaque genre de littérature ou dans les différents arts.

Une imagination convenablement réglée et un goût épuré par l'instruction, sont donc les avantages qu'un architecte doit obtenir d'une éducation littéraire; tels sont ceux que M. Brongniart a su tirer de la sienne. C'est à ce concours de circonstances favorables que nous croyons pouvoir attribuer là sagesse qu'on remarque dans toutes ses productions.

La partie de l'éducation de M. Brongniart qui l'a fait pénétrer un instant dans le domaine des sciences, lui a donné sur la branche de l'architecture, qui a pour objet la salubrité, la solidité, le bon choix des matériaux et leur emploi convenable, des idées plus précises, plus justes, et des connoissances plus étendues que ne les auroit eues un artiste privé de cet avantage; elle lui a suggéré, dans beaucoup de cas, des ressources qu'il n'auroit su ni trouver ni apprécier, sans les connoissances qu'il avoit puisées dans l'étude des premiers principes des sciences physiques. Parmi plusieurs exemples que nous pourrions citer, mais que nous ne rapporterons pas, dans la crainte de lui attribuer des procédés qui ne lui sont pas particuliers, nous en choisirons un seul, parce que nous le croyons relatif à un moyen peu usité.

Instruit par l'observation, et concevant par la théorie, que le contact de l'air étoit nécessaire à la formation du salpêtre sur les pierres, et que leur porosité en facilitoit considérablement la production, il étoit parvenu à détruire ce fléau des rez-de-chaussée, au moins dans plusieurs cas, en employant ou des marbres ou des pierres calcaires très-compactes, enduites et même pénétrées au moyen de la chaleur d'une peinture à l'huile très-solide.

M. Brongniart donnoit encore, dans l'usage qu'il faisoit de cette classe de connoissance, une preuve de la justesse d'esprit qui le caractérisoit. Il avoit su éviter la faute que font presque toutes les personnes qui ont une légère teinture des sciences, en voulant appliquer perpétuellement le peu qu'elles savent, et prétendant tout expliquer au moyen des principes et des théories qu'elles se sont faits. Nous dirons qu'en fait de science, M. Brongniart étoit ou tout-à-fait ignorant, ou exactement instruit. Nous ne lui avons jamais vu appliquer à faux les principes, les faits et les noms qu'il avoit retenus; ou bien il ne donnoit aucune explication des phénomènes qui se présentoient à lui, ou bien il les donnoit justes. Il en avoit assez appris pour se taire à propos, et pour rejeter toutes les fausses théories, qui éloignent bien plus du but qu'une ignorance complète.

Tel a été pour M. Brongniart et pour l'exercice de son art, le résultat de l'heureuse réunion d'un jugement sain et d'un esprit meublé de connoissances littéraires et physiques. Si l'on ajoute qu'il joignoit à ces avantages d'autres qualités personnelles plus importantes encore, mais qui, n'ayant aucun rapport direct avec l'architecture, ne peuvent être mentionnées ici, on sentira qu'il a dû jouir d'autant de bonheur qu'il est donné d'en avoir; et comme, sans aucun doute, c'est aux conditions moyennes dans tous les genres qu'est dévolue la plus forte somme de bonheur, on peut croire qu'il l'a possédée; car s'il n'a pas eu de ces vives jouissances de l'amour-propre que procurent l'élévation aux grandes places ou des succès éclatants, il n'a pas non plus éprouvé ces amères critiques, ces tracasseries importunes et décourageantes qui font cruellement payer les instants d'un bonheur trop exalté. On pouvoit cependant espérer que le jour où le Palais de la Bourse auroit été achevé, et où l'inauguration en auroit été faite, M. Brongniart jouiroit d'un de ces hommages flatteurs que les arts procurent quelquefois à ceux qui les cultivent, et qu'il en jouiroit d'autant plus purement, que son âge, alors très-avancé, en ne donnant aucune prise à l'envie, adouciroit la critique; car un architecte de près de quatre-vingts ans inspire quelque respect, et ne donne plus aucune crainte à ses rivaux. Ce n'est pas que M. Brongniart indiquât les moindres signes d'affaiblissement d'esprit; il avoit, à près de soixante-quinze ans, toute la jeunesse de caractère, toute la force de tête, tout l'ordre dans les idées, toute l'activité d'esprit dont il jouissoit à quarante-cinq ans; et, ce qui arrive encore plus rarement, il avoit continué de se perfectionner dans son art, il en avoit suivi tous les progrès; on peut dire, sans craindre la moindre contradiction, que ses ouvrages les plus récents ont toujours été les meilleurs. Quelle plus forte preuve de cette justesse d'esprit que nous lui avons reconnue, de cette qualité solide qui, comme tout ce qui est solide, ne s'altère pas!

Mais si on n'a pu faire goûter à sa personne ces témoignages flatteurs de considération, qui lui sembloient destinés lors de l'achèvement de la Bourse, on s'est empressé de les rendre à sa mémoire, en accordant à ses restes mortels toutes les honorables distinctions qui semblent être attachées à la profession d'architecte.

Si, comme ceux de Bruneleschi, de Soufflot, etc., les restes de M. Brongniart n'ont pu être placés dans le plus remarquable des monuments qu'il a fait construire, parce que sa destination et nos usages actuels s'y opposent, ses élèves, ses amis, la direction des travaux publics, l'administration du département même, y ont suppléé par tous les moyens qui étoient en leur pouvoir, en donnant à sa mémoire les marques les plus distinguées du cas qu'ils faisoient de ses talents et de l'estime qu'ils portoient à sa personne.

La règle des convenances ne nous permet ni d'exprimer ici tous les sentiments que ces témoignages de considération nous ont fait éprouver, ni d'entrer dans le détail des hommages rendus à celui auquel nous étions attachés par tant de liens ; cependant nous ne pouvons nous empêcher de rapporter quelques particularités de la cérémonie funèbre ; elles ne sont pas seulement honorables pour M. Brongniart, mais elles sont encore comme une espèce de privilége propre à la profession libérale qu'il avoit embrassée.

Nous l'avons souvent dit dans le cours de cette Notice, parce que cette circonstance nous affecte vivement et continuellement : deux monuments remarquables s'élevoient sous la direction de M. Brongniart, lorsqu'il nous a été enlevé. Tous deux sont des monuments publics de genre et d'objets bien différents : l'un, consacré au repos éternel et aux souvenirs ; l'autre, au travail et à la prospérité qui en résulte. Deux fois il est entré dans celui-ci avec pompe, et deux fois cette pompe a été accompagnée de circonstances touchantes.

Le 24 mars 1808, M. Brongniart posa la première pierre du Palais de la Bourse ; cérémonie où tout est espérance, où toutes les pensées se dirigent vers l'avenir ; cérémonie dans laquelle l'architecte a l'honorable prérogative d'inscrire son nom sur les monuments matériels les plus durables que puisse élever la main des hommes, et de l'y joindre aux noms de ce qu'il y a de plus distingué dans l'État. Son petit-fils, âgé de sept ans, et un architecte octogénaire (1), bisayeul maternel de cet enfant, la scellèrent en même temps.

Le 8 juin 1813, une cérémonie qui anéantit toute espérance, qui reporte au contraire toutes les pensées sur ce qui n'est plus, amena dans ce même lieu les restes mortels de M. Brongniart. Les maîtres des ouvriers étoient venus demander qu'on fît traverser au convoi funèbre l'enceinte des travaux de la Bourse. Au moment où le corps de M. Brongniart, accompagné de ses élèves, de ses confrères et d'un grand nombre d'artistes qui l'avoient aimé, pénétra dans cette enceinte, tous les ouvriers descendirent à la hâte de leurs échafauds ; ils se rangèrent en haie, la tête découverte, et rendirent, par une contenance qui exprimoit en même temps l'affection et le respect, un hommage spontané à l'artiste dont ils continuoient d'exécuter les conceptions.

Le convoi resta un moment stationnaire devant la façade du monument, moment cruel pour quelques-uns des assistants, et qu'il leur eût même été impossible de supporter, sans les honorables et touchants souvenirs

(1) M. Hazon, ancien intendant des bâtiments du roi, et membre de l'Académie d'architecture.

qui vinrent adoucir les regrets cuisants que cette station renouveloit dans toute leur force. On s'achemina ensuite vers le champ où devoient être à jamais déposés (1) les restes de M. Brongniart. Il se trouvoit encore dans un lieu arrangé sur ses plans, rempli de monuments funèbres exécutés, commencés ou projetés par lui, au milieu d'hommes qui travailloient, il y a peu d'instants, sous ses ordres; dans un lieu enfin qu'il affectionnoit particulièrement, et d'une manière qui avoit paru à quelques personnes contraster avec certaines dispositions de son caractère. M. Brongniart avoit prouvé en cela qu'il n'avoit pas moins de philosophie que d'agréments dans l'esprit. Il trouvoit mille occasions de laisser voir ceux-ci; mais, ne faisant pas parade de la première qualité, il ne la manifestoit que dans les occasions heureusement rares où il falloit l'appliquer.

Le rédacteur de cette Notice, engagé dans une autre carrière, auroit pu prier un des architectes ami de M. Brongniart, de se charger de cette rédaction. Si elle eût eu pour objet d'apprendre quelque chose de nouveau sur l'art de l'architecture, de décrire en détail des monuments, et d'appeler l'attention sur ce qu'ils présentent de remarquable, il ne l'eût pas entreprise; mais n'ayant d'autre but que d'assurer à M. Brongniart la part de bienveillance humaine qui peut lui être due pour ses travaux et pour ses qualités, il a cru que les plus simples notions des arts lui suffiroient. D'ailleurs, il lui a semblé que plus ce travail l'éloignoit, par sa nature, de ses occupations ordinaires, plus il prenoit le caractère d'un travail fait exprès, et d'un hommage direct et particulier rendu à l'être qu'il révéroit. Enfin, il a mieux aimé faire quelques fautes, avancer même quelques idées peut-être susceptibles de discussions, mais qui lui sont propres, que de permettre à d'autres mains beaucoup plus habiles que les siennes, de l'aider à rendre à celui qui lui fut si cher cet hommage plus pur de son amour et de son respect.

(1) L'administration du département de la Seine a voulu concéder comme don le terrein destiné à conserver les restes matériels de cet artiste.

La composition du monument simple, mais caractéristique, que la famille de M. Brongniart lui a fait élever, est de M. Hyppolite le Bas; les sculptures d'ornement sont de M. Romagnési, et la figure est de M. Laitié.

A. B.

Pl. I.

Vue du Palais Impérial de la Bourse et du Tribunal de Commerce.

Commencé en 1808, Par A. T. BRONGNIART.

Palais Impérial de la Bourse et du Tribunal de Commerce.

Commencé en 1808, Par A.T. BRONGNIART.

Plan du Rez de Chaussée.

Plan du Premier Etage.

A Péristyle.
B Vestibule.
C Salle de la Bourse.
D Salle des Agens de Change.
E Escalier du Tribunal de Commerce.
F Greffe.
G Greffier des faillites.
H Greffier du Tribunal.
J Grand Dépôt.
K Antichambre des Agens de Change.
L Portier.
M Salle des Courtiers de Change.
N Comité des Agens de Change.
O Syndicat.
P Imprimerie.
Q Syndicat des Agens de Change.
R Comité des Agens de Change.
S Caisses.
T Garderobe.
a Salle des Pas perdus.
b Antichambre du grand Tribunal.
c Grand Tribunal.
d Antichambre du petit Tribunal.
e Petit Tribunal.
f Salle des délibérés.
g Président.
h Huissiers.
i Bibliothèque.
k Conseil.
l Président.
m Salle des délibérés.
n Garderobe.

Mètres.

Toises.

Le Coq Sc.

PL. III.

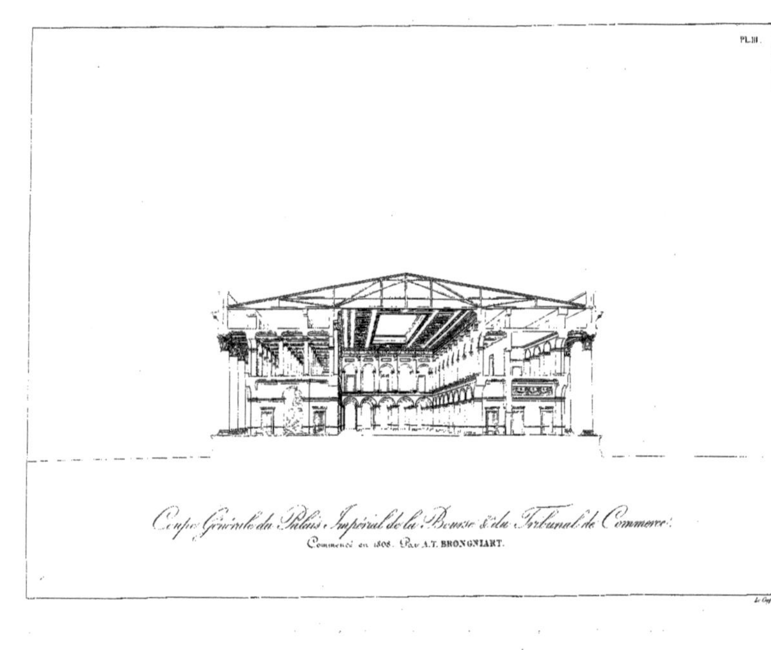

Coupe Générale du Palais Impérial de la Bourse & du Tribunal de Commerce.

Commencé en 1808. Par A.T. BRONGNIART.

Le Coq Sc.

Pl : IV.

DÉTAILS DE L'ORDRE
EXTÉRIEUR DU PALAIS
IMPÉRIAL DE LA BOURSE
ET DU TRIBUNAL DE
COMMERCE

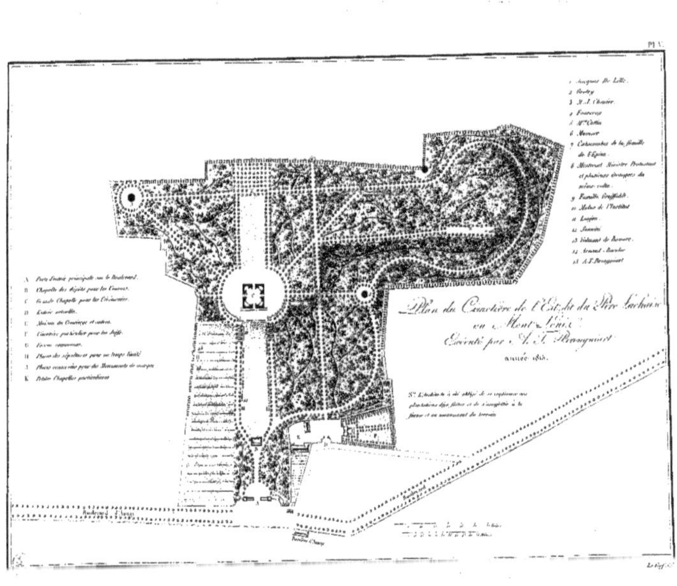
Plan du Cimetière de l'Est, dit du Père Lachaise
ou Mont Louis
Exécuté par A. T. Brongniart

Pl. VI.

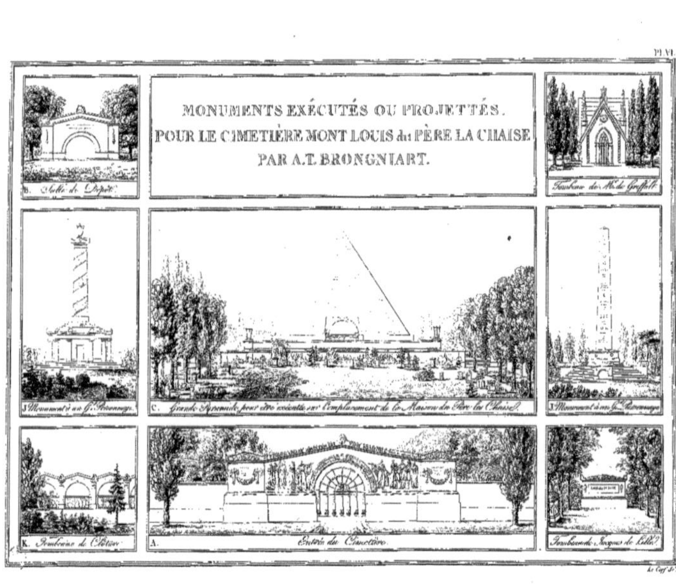

Le Coq Sc.

www.ingramcontent.com/pod-product-compliance
Ingram Content Group UK Ltd.
Pitfield, Milton Keynes, MK11 3LW, UK
UKHW020444220726
13923UKWH00005B/2334

9 782019 685867